AF275460

UN PÁJARO BAJO EL MAR

Ana Noguera Montagud

COLECCIÓN ITES

UN PÁJARO BAJO EL MAR

© Ana Noguera Montagud
© Prólogo: Elena Torres Pons
© de esta edición: Olé Libros, 2024

ISBN: 978-84-10053-30-4
Depósito legal: V-1975-2024
Impreso en España

KALOSINI, S. L.
Grupo editorial **olélibros**
equipo@olelibros.com
www.olelibros.com

A todas las personas que, a lo largo de la historia de la humanidad, creen y practican la honestidad, la inteligencia y la justicia.

A Salva y Laura, por todo lo que me enseñan cada día.

PRÓLOGO

UN PÁJARO BAJO EL MAR: UN VUELO HACIA LO PROFUNDO

Pro-logos: antes del discurso. Si prologar es anticipar algo acerca de lo que prosigue, justificar su razón de ser y ofrecer razones para su lectura, tal vez estas palabras previas a la lectura del nuevo poemario de Ana Noguera sean innecesarias dada la riqueza de matices que ya desde el título, *Un pájaro bajo el mar*, nos sugieren sus versos y la reconocida trayectoria de la autora.

Ana Noguera se inició en la poesía en los años noventa con *Quimera,* un poemario de tono intimista editado por el Instituto de Estudios Modernistas. Tras un silencio poético en el que la autora centró sus publicaciones en el terreno de la prosa y el ensayo de carácter filosófico, seguirían los poemarios *Un mismo viento*, escrito a cuatro manos con Luis García Trapiello (editorial Telos, 2016) y *María Cambrils, el despertar de la conciencia*, publicado por la editorial valenciana Olé Libros en 2019. Los versos del primero constituyen una declaración de principios morales y éticos, el derecho a la dignidad y el respeto. Nos hallamos ante una poesía para la igualdad. En el segundo, los versos son un recordatorio para hacer justicia y recuperar la memoria de una mujer comprometida como lo fue María Cambrils.

Y en 2024, *Un* pájaro *bajo el mar*, editado por Olé Libros. En estas páginas, nos vamos a encontrar con poesía y filosofía, desde las primeras citas de Gioconda Belli, Francisca Aguirre y Ortega y Gasset: Amor y moral. El poemario se estructura en cuatro partes. La primera lleva por título «No nací para la lluvia». En ella encontramos el concepto de búsqueda y una alusión a Platón y su alma caída al mundo sensible, el principio de racionalidad del ser humano que le lleva a una vida nueva y a su tendencia a conocer la verdad donde quiera que se encuentre:

> Afirmo que nací un dos de septiembre.
> Busco quién nació en esa fecha
> como un círculo cosmológico,
> Por si acaso, como dijo Platón,
> fuera un alma caída.

Los siguientes poemas, numerados del II al VI, están dedicados a su padre. Aparecen reminiscencias de la infancia y del juego. Consejos paternos para la vida, tal vez desde un estoicismo de la existencia, ese controlar la manera en la que se piensa lo que ocurre alrededor. Leer menos y vivir más, la plenitud de la nada, el placer de pescar...

> Respira hondo. Boquea como un pez
> el tiempo que no volverá.
> El mundo se basta sin ti.

El simbolismo del pez da paso al del color rojo, que aparece por vez primera en el texto, en la camisa del padre, como sangre y muerte, y reaparecerá con otro significado en el vestido rojo de la segunda parte. Los poemas VII y VIII cierran esta sección de poemas con una invocación a la figura del padre:

A ti, Padre, te pido
que vuelvas un día cualquiera.
Te espero aquí en la tierra
mejor que vernos en los cielos.

Y es que, a pesar de la muerte, «La infancia es más larga que la vida», como dejó escrito Ana M.ª Matute. Las citas de Kant, Adela Cortina y León Felipe enmarcan la segunda parte: «El vestido rojo». Desde los primeros versos nos hallamos ante una poesía social, comprometida, ética, donde la dignidad, la conciencia, la humanidad, se convierten en conceptos básicos:

La pobreza maquilla el miedo
de una mirada que doblega el alma.
La pérdida de todo lo que no se tendrá.

Frente al vestido rojo contemplado en un escaparate, frente a esa carne que sueña, se opone el viejo del colchón, su pobreza frente a la conciencia.

Aquí, el rojo, que antes era muerte, adquiere un significado contradictorio. Por una parte, es fuego, deseo, poder, pero también es drama, sangre, prohibición, como los sentimientos que la autora expresa en estos versos, en los que las figuras de la abuela, madre e hija se imponen con fuerza. Esa abuela que «trabajaba la tierra», «en una viudez permanente». La madre que fue «una madre de la patria» y la hija que lucha «para ganar un lugar, su espacio, su largo tiempo y mucha vida».

La dependienta de la tienda es el hilo conductor de esos recuerdos con la realidad social:

Bucea por la economía global
una sardinita que escapa del tiburón...

De nuevo el campo semántico del pez, y la joven rebelde que conduce a la autora a la necesidad del grito y la utopía, pero también a la ternura maternal y a la aterradora verdad del viejo del colchón:

Yo lo veo. Y lo huelo. La pobreza huele.
Y me aturde. Y me asfixia.

La fe, la religión, la injusticia dan paso a la democracia, a esa que con humor no «ensucia la palabra» y también a un resquicio de esperanza. La quimera, esa palabra fetiche de Ana, reaparece como antónimo de la realidad. María Zambrano escribió en *Delirio y destino*: «¿Por qué no ha de contener también una autobiografía verdadera delirios que no son una falacia de falso ensoñamiento?». Y así, concluye esa parte del texto con estas palabras en las que se impone la conciencia:

Ya no me gusta ese vestido rojo.
Parece un largo harapo estrecho de costuras.
Necesito volver a casa
y buscar dónde nos perdimos.

Búsqueda de la felicidad que enlaza al principio con ciertas ideas del Hedonismo, en los que el placer determina el valor de una acción. Pero termina elevándose a una idea de bien superior que tiene los caracteres filosóficos y morales propios de la autora. Cada verso es un reflejo de la lucha interna entre el deseo y el sufrimiento.

Quizás sería el momento de hablar de los recursos literarios que la poeta utiliza y enriquecen su poesía, dotándola del ritmo y cadencia que su temática precisa. Con una métrica imparisílaba y verso blanco, recurre a imágenes sensoriales como: «Me encierro sobre mi piel y se esparce espesa como una niebla», también a sinestesias como «el húmedo olor del verde» o el oxímoron, «atronador silencio», entre otras muchas figuras retóricas como la anáfora, el polisíndeton y las enumeraciones...

Y precisamente son las imágenes las protagonistas de la tercera parte del libro: *«Añicos de luna llena»* en la que, a partir de las citas de Séneca, Max Aub y Alejandra Pizarnik, el personaje poético se pregunta: «¿Qué se guarda en una maleta cuando hay que escapar?». La metáfora de la maleta como huida, como viaje que, como Juan Luis Panero presagia: «Pero ¿quién sabe si todavía una historia peor, un horror más nítido me espera allí?»

El horror de la guerra con sus imágenes devastadoras. El campo de batalla sin luna como un «páramo de ceniza», frío y muerte y un atisbo de amor en una despedida como un acto de refugio.

Las ciudades en guerra
son lugares sin pájaros.

Y qué lejanos esos pájaros de la simbología del título del poemario que expresa el sentimiento de libertad...

Imágenes de la televisión, como la del niño subido en los escombros y las niñas escondidas en medio de la guerra para no ser violadas, y el grito «que fosiliza las entrañas». Situaciones que llevan a la creación de un nuevo término, *pazmonía*:

Pazmonía, el derecho
de las madres a que sus hijos
no vayan a la guerra.

Pero también al llanto a veces desgarrado, otras silencioso e incluso dormido o miserable. Y también al llanto de quien lo escribe:

Y hay llantos como el mío,
recogen un poco de lo que brota
en la tierra, de la lluvia que empapa
mi cabello, de los miedos nocturnos
de mi niña, de los adioses y despedidas.
Y de ti y de mí, mi amor
cuando lloras sin que te vea.

Como fragmentos de un espejo roto, cada poema refleja la fragilidad del ser humano ante la adversidad.

Llegamos a la última parte del poemario. Si en la primera imperaba el tono personal e intimista, ahora, con un tono más maduro, analiza una evolución ficticia de ese ser adulto que, por medio de la memoria, reproduce separaciones, sinsabores y amores en *Huérfanos de vida (*porque si no se vive no hay vida).

Antonio Tabucchi, en su obra *Réquiem,* nos confiesa el Invitado, que no es otro que Fernando Pessoa: «Mis emociones las siento solo a través de la ficción verdadera», «lo importante es sentir». Ficciones verdaderas que vienen precedidas por las citas de Stefano Strázây, Luis García Montero y María Beneyto, y en las que el mar es, igual que el claro del bosque, lugar de encuentro. La autora se vale de una enumeración verbal: perfilar, retener, añorar, nacer, ser, cumplir, cuidar, atender, amar, que le permite una gradación hacia el amor y la felicidad deseada. Y es que a veces «el café sabe más amargo» porque:

> Ninguno de los dos
> mezcló en almíbar
> nuestras caricias.

De nuevo la búsqueda de la felicidad, pero sabiendo que el camino (como el de Sísifo) nunca es fácil, y nadie dijo que lo fuera. Así la autora, colecciona nubes o las deshilvana si hay tormenta. Y entre ausencias y desencuentros intentará conservar la alegría:

> Volar como un pájaro bajo el mar
> Bailar con los colores de los bosques.

Verso que da título al poemario y le confiere circularidad. Ya que le concede un regreso a la infancia y al juego con el que comenzó a escribir los primeros versos:

> La infancia es una vuelta
> al olor del pan recién hecho.
> Aunque no todos los niños
> tengan su infancia.

Amor, dolor y verdad se unen en esa pérdida de la inocencia, para volver, renovados, a esas preguntas que quizás no tengan respuesta o solo la tengan en «la condena de ser mortales».

¿De qué se alimenta el dolor que lo hace tan fiero?

Es en estas últimas páginas del poemario, donde regresan las figuras de la abuela y de la madre, en dos poemas no exentos de un halo de misterio que expresan esa vuelta a la vida:

El día después de morir mi madre
Nos reunió a todos en torno a la mesa,
A los vivos y a los muertos.

En su silla de enea, desconchada
y sola se murió la abuela.

Entre susurros de ausencia, los versos se alzan como testigos de la pérdida, nos recuerdan esa condena de buscar significado en mundo indiferente. Vida, muerte y destino. Lo desconocido. Pensamiento y vivencia, Realidad y sueño. Piel y querencia. Dolor y gozo. Y ese no saber quién, dónde, cómo ni cuándo transcurre nuestro existir, y que precisamente le da sentido, porque el porvenir es lo que nos da la fuerza para seguir:

Si todo lo supieras
te quedarías huérfana de vida.

En las páginas de *Un pájaro bajo el mar*, nos adentramos en un universo de dualidades. El lenguaje poético puesto al servicio de la reafirmación del ser. Poesía y filosofía unidas en una voz interior que los concreta. Se entrelazan como hilos de una madeja, tejiendo un tapiz de emoción y reflexión. En el libro *El amor, las mujeres y la muerte*, Schopenhauer lo expresaba así: «El poeta puede compararse al que ofrece una flor, y el filósofo al que da la esencia... El poeta le presenta a la fantasía imágenes de la vida, situaciones humanas, deja que cada uno reflexione hasta donde llegue su capacidad intelectual. El filósofo presenta las ideas abstractas sacadas de esa forma de vida.»

Como escribió John Keats en la última estrofa de la *Oda a una urna griega*: «La belleza es verdad y la verdad es belleza; esto es todo lo que sabes de la tierra y todo lo que saber necesitas».

Estética y ética. La fragilidad humana en un poemario que no dejará al lector indiferente, ya que genera una respuesta emocional intensa. Un poemario visceral, como el significado de ese color rojo que tiñe algunas de sus páginas. Vital y entusiasta como Ana Noguera. Un poemario de imprescindible lectura en estos tiempos tan propicios para el odio. *Un pájaro bajo el mar* está escrito con las texturas del día a día, desde esos lugares comunes que nos hacen más humanos, a pesar de todo, y donde hay que arriesgarse, «cambiar la piel por escamas», si es preciso. Se erige como faro en la oscuridad, guiándonos a través de los laberintos del alma y ofreciéndonos un refugio en la belleza de la palabra. En cada poema encontramos un eco de nuestra propia existencia, un recordatorio de que, aunque efímera, nuestra vida está tejida con los hilos de la eternidad. Así es la poesía.

Elena Torres

NO NACÍ PARA LA LLUVIA

*A todos amo con un amor de mujer, de madre, de hermana,
con un amor que es más grande que yo toda,
que me supera y me envuelve como un océano
donde todo el misterio se resuelve en espuma...*

GIOCONDA BELLI

*Un mar, creedme, necesito un mar,
un mar donde llorar a mares
y que nadie lo note.*

PACA AGUIRRE

*Con la moral corregimos los errores de nuestros instintos,
y con el amor los errores de nuestra moral.*

JOSÉ ORTEGA Y GASSET

I
No nací un lunes.
Tampoco importa cuándo en esta historia.
Pero soy tan metódica
que no sé comenzar el calendario
por otro día diferente.

Todo contiene su orden. Si se rompe,
se perturba el poema. Me desviste de vida
ajena a retratarme siempre en lunes.

Afirmo que nací un dos de septiembre.
Busco quién nació o murió en esa fecha
como un círculo cosmológico,
por si acaso, como dijo Platón,
fuera un alma caída.

Luego me aburro y cierro Wikipedia.

II

A mi padre

Hay un fantasma que por las noches
entra en mis sueños. Es mi padre.
Me lleva subida en sus hombros
y trota alocado en su juego.
Ríe tan feliz que no soy capaz
de pedirle que frene su carrera.

Otras noches voy al comedor
de mi infancia repleto de juguetes.
Allí está, sobre la alfombra,
con un tren eléctrico. Se enfurruña,
gracioso, porque siempre pido
que me regale libros, novelas que alimentan
mi fantasía. Él rumia
que así no aprenderé a vivir,
que leo para ser otra persona,
más bella, más valiente.

Acaricia mi piel de niña
con sus dedos áridos y refrenda
hasta tres veces «vive, vive, vive».

III
Desde que murió, no me advierte
de su llegada. Se cuela al instante
de forma insospechada.
Al principio lo recordaba enfermo,
pero en mi sueño se hizo joven
mientras yo envejecía.
Orgulloso de no poseer nada
como si todo lo tuviera.

IV
A mi padre le gustaba pescar
aunque nunca pescaba nada.
Engarzaba los gusanos al filo
del anzuelo, la ceremonia
preludio a una larga paciencia.
Mi hija, siempre a su lado,
parloteaba de trivialidades.

Yo, molesta, quería proteger
a todos con la oquedad del vacío.

Déjalo, decía mi padre,
con el estoicismo de la existencia,
siéntate con nosotros y disfruta
de la plenitud de la nada,
respira hondo. Boquea como un pez
el tiempo que no volverá.
El mundo se basta sin ti.

V
Mi padre era un hombre de pocas
palabras y muchos silencios.
No descifraba enigmas ni buscaba
salir del laberinto.
Su virtud consistía en desmenuzar
los conflictos mundanos.

Le gustaba almorzar con los amigos,
la paella del domingo, la siesta
y las películas de policías.
No entendía el porqué de mi inquietud
ni yo mostraba interés en su mundo.
Vivíamos en un silencio pleno.

VI
Papá moría dos veces al día.
Le gustaban las bromas de humor cruel.

Escenificaba su muerte
ahogado en la bañera,
asfixiado en la cocina,
ahorcado sobre la mesa,
babeando veneno,
el rojo sobre su camisa blanca
y, como señal, un cuchillo.

Excentricidades
de quien se ríe también de la muerte.

VII
Yo no nací para la lluvia.
Me embarga el desconsuelo.
Calan las gotas de tristeza.
Me encierro sobre mi piel que se esparce
espesa como una neblina.

VIII
Padre, no Dios mío, sino mi padre
el que nos cuida desde su lugar soleado.
A ti, Padre, te pido
que vuelvas un día cualquiera.

Te espero aquí en la tierra
mejor que vernos en los cielos.

EL VESTIDO ROJO

Los seres humanos tienen dignidad
y no un simple precio.

IMMANUEL KANT

Las puertas de la conciencia se cierran
ante los mendigos sin hogar, condenados
mundialmente a la invisibilidad [...].
Es el pobre, el áporos, el que molesta.

ADELA CORTINA

He venido a mirarme la cara
en todas las lágrimas del mundo.

LEÓN FELIPE

I
Paseo por escaparates
en busca de felicidad.
En mi ciudad apenas llueve.
Hoy, cae un agua breve que enturbia
mi ánimo. A veces, la furia del agua
arrastra los males, incluido al pobre
que dormita sobre un colchón sucio.

Dicen que los pobres son feos.

La pobreza maquilla el miedo
de una mirada que doblega el alma.
La pérdida de todo lo que no se tendrá.

II
Quiero el vestido rojo.
Con un poco más de ejercicio
se ocultarán los pliegues de una carne
que todavía sueña.

Compraré ese vestido rojo,
quiero y puedo, tengo dinero,
mi dinero, el dinero, el instrumento
que compra voluntades.

III
Pero ese viejo del colchón
entorpece mi entrada
al mundo de los sueños.
Empeñado en mostrarme su pobreza,
ensucia mis zapatos, me revuelve el estómago,
¿y la conciencia? No lo sé.

Yo solo quiero ese vestido rojo.

IV
La chica de la tienda me hipnotiza
«¿puedo ayudarte en algo?», me tutea
exhibe una confianza que no existe.
No la conozco. Soy como su madre,
pero no sé quién es. Podría ser
mi hija, que estudia en la universidad
para labrarse un futuro, igual
que mi abuela trabajaba la tierra.

La tierra se labra para comer,
ahora se cultiva el conocimiento
para sobrevivir.
No hubo estudios para mi abuela,
solo mucho trabajo,
de sol a sol,
en una viudez permanente,
con dos hijos como jirones
de un delantal ajado.
Mi abuela apenas sabía leer
y apenas escribir.
No hay apenas para tanta miseria.
Tenía alergia a los melocotones,
su piel angustia sus entrañas.
Prefería roer pan de «antesdeayer».

El terciopelo es para niñas ricas.

V
Mi madre fue una madre de la patria,
de hijos que hicieran grande nuestro imperio de lutos,
exiliados y desaparecidos,
de tumbas hacinadas
sin lápidas. Mi abuelo fue un silencio
para la memoria recluida en vida.

¿Por qué pienso en esto frente a un vestido?

VI
Yo estudié. Mi hija estudia más.
Hace un máster para sacar cabeza
como una yegua, sudorosa
resopla para ganar un lugar,
su espacio, largo tiempo y mucha vida.

¿Estudias o trabajas? Eso no se pregunta.

VII

La dependienta podría ser mi hija.
Por un salario mínimo trabaja,
aquí y allí, unos días o unos meses,
al vaivén de la temporada.
Bucea por la economía global
una sardinita que escapa
del tiburón. Son mileuristas
o generación Z,
siglas para una extraña identidad
¿y cuando se acaben las letras?

Dejaremos de tener hijos,
quizás serán sintéticos.
La miro y le sonrío.
Ella insiste, es joven y persistente
«está hecho para ti, chica». He vuelto
la cabeza para saber
si se dirige a mí.
Me ha llamado «chica». Los jóvenes
hablan así con deslenguada voz
residuo de una rebeldía.

Frente al escaparate,
solo estoy yo junto al viejo del colchón.
A él no le quedará bien el vestido.
Mejor un bocadillo. Y un baño,
mejor una casa con compañía,
mejor un poco de esperanza.

VIII

¿Por qué está tan alta la música
de la tienda? Incita a bailar.
O a romper en añicos los cristales.
¿Qué pasaría si gritara
hasta reventar los pulmones?
Perder la compostura
es una utopía no imaginable.

Hay dos realidades: lo que acontece
y lo posible. Yo perdí la quimera
por la ingesta de educación.
En Francia han perdido la compostura,
también la utopía. Europa se estrecha
mientras el mundo no está para tantas minucias.
¿Es la democracia una menudencia?

Sopa de menudillos cocinaba mi abuela.

IX
Quisiera contar mi vida a esa chica,
cantarle nanas y acunarla
hasta que se durmiera entre mis brazos.

Su juventud es de agua,
los días que se escapan sin jugar en el parque.
No es tan mujer como parece,
los rizos de su pelo denotan travesura.

Ser madre es una misión difícil.
Entrelazar los propios sueños
en otros pliegues. Descubrir heridas
en la piel ajena. Y que su amargura
sean también mis lágrimas.

La dependienta pierde la paciencia,
la imagino en un columpio que vuela
alto, y tengo miedo de su caída.
No hay razón para el amor generoso.
Me mira con desconfianza,
he perdido mi rol de madre,
pero ella no es mi hija. Y este no es su poema.

X
En cambio, no sé conciliar las penas
de este hombre que rehúye mi mirada.
Me aterra su pobreza. Se frota contra mí
su gato celoso. La piel se eriza,
la del gato, también la mía,
y el viejo limpia mis zapatos.

¿Qué secretos oculta? ¿Por qué vive en la calle?
Ha perdido el trabajo y su dinero,
la salud, el amor y la cordura.
A él no quiero contarle mis secretos,
son insignificantes
no merecen ser confesados
ni ocultos en un diario o ser un dato del CIS.

¿En qué escala social encaja el viejo?
Hay súper ricos, ricos, clase media,
trabajadores, pobres e invisibles.
Si son invisibles no están
en las estadísticas.

Sin embargo, igual que la dependienta,
yo lo veo. Y lo huelo. La pobreza huele.
Y me aturde. Y me asfixia. Debería alejarse
del escaparate y no molestar.

XI
El vestido embellece la impudicia.
¿Y si me contagia algo? Quizás la mala suerte.
Si yo tuviera fe, defendería
el castigo divino. Sería mi descanso.
Un ser dañino caído a los infiernos.
Si él tuviera fe, esperaría
en el cielo su recompensa.
Dijo Marx: «la religión es el opio del pueblo».

¡Cuánto opio para asumir la injusticia!

Si finalmente compro, pasaré por la iglesia,
de bien nacida ser agradecida.

XII
Un mensaje que leo de inmediato.
Puede ser urgente. El trabajo,
mi hija, mi madre o mi marido.
El orden lo marca la dependencia.

El móvil, un cordón umbilical
como la raíz a la tierra,
menos prosaico pero diestro.
Sin el húmedo olor del verde
ni el versátil color de la estación
imita la música de los pájaros.
Con una funda de flamencos rosas
confunde a mis sentidos.

¿Y cuál es la noticia que no espera?
¿Una guerra, un incendio, otra catástrofe?
¿Más inmigrantes muertos? ¿Los precios se disparan?

La democracia en el ropero.

XIII

La democracia nace con humor.
Reírse de todo y de una misma.
La risa no es burla, no insulta,
no es envidia ni miente ni denigra,
tampoco enfrenta ni odia, ni ensucia la palabra.

Es un ejercicio de aprendizaje,
requiere voluntad e inteligencia.

XIV
Ya no me gusta ese vestido rojo.
Parece un harapo estrecho de costuras.
Necesito volver a casa
y buscar dónde nos perdimos.

AÑICOS DE LUNA LLENA

Los homicidios individuales los castigamos,
pero ¿qué decir de las guerras y del glorioso delito de arrasar pueblos
enteros? Elogiamos hechos que se pagarían con la pena de muerte
porque los comete quien porta insignias de general.
El ser humano, el más dulce de los animales, no se avergüenza
de hacer la guerra y de encomendar a sus hijos que la hagan.

SÉNECA

Pero ese instante sudoroso de nada
Acurrucado en la cueva del destino
Sin manos para decir nunca
Sin manos para regalar mariposas
A los niños muertos

ALEJANDRA PIZARNIK

Yo no mato a nadie,
tú no matas a nadie,
él no mata a nadie,
nosotros matamos a todos,
vosotros nos matáis,
ellos se entrematan solos.
Nadie sabe por qué.

MAX AUB

I
¿Cómo relatar los instantes
que inician una guerra?
He abierto mi vieja maleta.
Vacía puedo levantarla,
pero no sirve sin recuerdos.
Repleta no permite mi huida,
la mano prieta no soporta el peso
que me ancla al lugar donde lo mío pertenece.
Fuera del mundo conocido
no significa nada.

He abierto la maleta,
me produce desasosiego.
Reviso los colores de mi hogar
y lanzo una bomba que lo destruya.
No he conocido más mundo que el nuestro.

¿Qué se guarda en una maleta
cuando hay que escapar?

II
Hay que llevar ropa para el destierro,
zapatos que duren un largo exilio,
fotos que nos recuerden quiénes fuimos,
agua y comida para el cuerpo
fuerza para el espíritu
y pensar que seguimos vivos.
¿Mi casa, mis libros, mi música?
¿Y mi familia?

Lo importante no cabe en la maleta.

En la guerra no hay indispensables.
La vida ha sido secuestrada.

    Mi gato se resiste a que lo encierre dentro.

III
Cuentan que nunca hay luna
en una noche repleta de ruidos,
noches que nunca son oscuras,
tampoco silenciosas.
El campo de batalla siempre está
despierto y ataca por sorpresa.

En las casas, los vivos viven
como fantasmas
que nacen del infierno.

Las ciudades en guerra
son lugares sin pájaros,
donde mueren los árboles,
las flores crecen bajo tierra
y los perros enferman de locura.

Quizás este es mi último paseo.

IV
Una pareja diluye sus cuerpos
sobre los restos de una cama.
Se besan y se aman frenéticos
con un legítimo deseo
que surge del miedo a morir
en un segundo.

Nunca fue tan cierta la frase
quizás no habrá un mañana.

Es un amor doliente y cruel
que desafía al horror y la guerra.
No sonríen. No hay tiempo
para ello. Las ganas sosiegan
el alma trastornada.
El hombre se agarró desesperado
al fecundo talle de la mujer.
Olió ferozmente la inmensa
pureza de su cuerpo,
perder su razón en el laberinto
de su piel. Y saciar el hambre.

Ella era su tabla de salvación.
Sin despedidas. Sin girar
la cabeza, prefirió llorar solo.

El acto del amor es un refugio.

V
Contemplo la guerra en televisión.
La ciudad que visité siendo
turista es un páramo de ceniza.
La prensa escribe el número de bajas
reales o daños colaterales.
Números de miseria en unas letras
que absorben la tinta y la cobardía.

Acerco mi nariz a la pantalla
para ver la existencia de la muerte.
Pero no la huelo. Se difuminan los sentidos.
En una guerra los olores
tienen significado propio.
No distingo si lo que veo es
parte de una película de acción.

Mientras tanto no he decidido
qué preparo para comer.

VI

Los viejos no hablan mucho de la guerra,
aprietan los labios y callan.
Mencionarla trae mala suerte.
Ella anida en sus pesadillas
igual que tener hambre y miedo,
mucha hambre y mucho miedo.
La guerra significa frío
y muerte. Mucho frío y mucha muerte.

Qué más se puede contar de la guerra.

VII
Desde mi atalaya contemplo a un niño
subido a los escombros cual príncipe famélico.
Oculto en su castillo de dragones
busca a otros seres fantasiosos
que lo defiendan de los monstruos.
No entiende la amplitud de su desgracia,
no sabe si estar triste mientras juega,
no encuentra a sus amigos de la calle.

A su alrededor solo hay piedras,
humo, polvo y un atronador silencio.

Empuña un palo que simula
una espada o un fusil,
los inventos de su desgracia.

VIII
Alejad a las niñas,
que no las fuercen a ser madres.
Hay que esconderlas
para que las manadas no despojen sus cuerpos
ni ultrajen su blancura.

Que no sean desahogo
de la barbarie.
Que no ensucien sus bocas ni sus vientres.

Solo son niñas
en medio de una guerra.

IX
Hay un grito que se eleva
sobre los truenos iracundos
sobre la escarcha de los campos
sobre los cuerpos abatidos.

Un grito agudo, desgarrado,
que fosiliza las entrañas.
Un grito que solo las madres crean.
Un lamento hondo desde la raíz
de la tierra al quebranto de los cielos.

¿Cómo nombrar a una madre que acuna
a los hijos que han muerto?

No hay palabras en el vocabulario
ni enunciación precisa.

Expongo un nuevo término:
pazmonía, el derecho
de las madres a que sus hijos
no vayan a la guerra.

X

Hay llantos desgarrados. De las madres que ven
morir a sus hijos en la batalla.
Hay llantos que estremecen
de niñas usurpadas con violencia.
Hay llantos silenciosos. Pertenecen al hombre
que muere en cada guerra.

Otros son miserables. Surgen de la codicia,
del odio y la soberbia.
Los compasivos nacen
con la injusticia.

Hay llantos dormidos en las gargantas.
Hay llantos jóvenes de los rebeldes
que recitan consignas
de un mundo nuevo.

Y hay llantos como el mío,
recogen un poco de lo que brota
en la tierra, de la lluvia que empapa
mi cabello, de los miedos nocturnos
de mi niña, de los adioses
y despedidas. Y de ti, mi amor,
cuando lloras sin que te vea.

HUÉRFANOS DE VIDA

Sueño que me levanto,
me lavo, bebo té, de mil maneras
miro a mi mujer:
se levanta, se lava, me mira
de mil maneras.

STEFANO STRÁŽAY

El amor es también una luz negociada.

LUIS GARCÍA MONTERO

¿Vengo de raza de mujeres tristes,
con todas las tristezas silenciadas,
o que callaron el susurro exacto
del amor, y me empujan a decirlo?

MARÍA BENEYTO

I
Acude el mar a despertarme.
Si lloro se aleja, se desespera.
Me acerco temerosa a su deseo
de quedarsc conmigo para siempre
y arriesgo cambiar mi piel por escamas.

Siento que soy la amante ingrávida.
Pero él, infiel, ama a otros cuerpos,

Yo me ahogo entre la arena.
Confieso quedar desarmada
bajo un cielo azul casi blanco.
Transito al infinito
por libros inéditos y obras
de la razón y las artes, que bien
son cáusticas o bellas.

Dormir en el claro del bosque
allí donde se colecciona el agua
se escucha la voz de las piedras
y encuentro a María Zambrano.

La brisa sin origen, la delicia del vuelo
la cresta heroica de la vida.
Perfilar mis labios con el dulzor
de lo saboreado. Retener lo perdido.
Añorar lo ignorado. Nacer en este punto
del tiempo y del espacio,
ser hija del azar y su capricho.
Cumplir lo debido y cuidar
lo minúsculo. No alterar el orden
ni el equilibrio de la tierra.

Atender los juegos de mi hija.
Amar por doquier y quererme.

Luego estás tú,
para abrazarme cuando duermo
para coser mis días y descoser mis noches
para reinventar nuestro juramento de amor.

II
El café sabe un poco más amargo.
También más solo. Lentamente,
el amor se deshace.
Atrás olvidamos los desayunos
a dúo. Y aquellas tardes
con una mudez adorada.
Atrás quedaron los anhelos
que tan solo la juventud proyecta.

Hoy, tú y yo, en habitaciones hurañas,
respiramos el aire del recuerdo.

III
Ninguno de los dos mezcló en almíbar
nuestras caricias. Su cálido roce
endulzaría con exceso el juego
noble de nuestro caminar paciente.
Decidimos un plan y, casi sin darnos cuenta,
intercambiamos nuestra piel
y atamos al revés nuestros zapatos.

No quisimos desandar la vida hecha.
Emborrachamos los rituales,
pusimos velas sin aniversarios.

Nunca es sencillo el camino de Sísifo,
pero jamás tuvimos miedo
de la condena ajena.

IV
En mi felicidad, coleccioné
las nubes para no enturbiar
mi horizonte. La única forma
de conservar cuerda nuestra alegría.
La lluvia golpea mis sueños
atándome a la casa.
Por ello, deshilvano el nublo
que amenaza tormenta.

Capaz de frenar el mal, deshacer
los augurios que anuncian los tambores,
cambiar guerras por panes, la muerte por la vida.
Cuando las nubes comenzaron
su pelea, abrí el cofre y encontré
un cuenco lleno de agua
tan limpia como nuestro cielo.

V
Se apagó el sol en nuestro hogar.
No se puede habitar tu ausencia.

Desearía vivir bajo un árbol,
cubrir mi pena con la tierra,
buscarte fuera de estos muros,
de la blanca monotonía
de estas paredes que me enclaustran.

Volar como un pájaro bajo el mar
bailar con los colores de los bosques.

Te encontraré donde las almas
se besarán de nuevo.

VI
Amanece un día más largo
que el resto y entonces duerme
el aburrimiento en las pausas
de unos abrazos que no llegan.

Deberíamos ser más pacientes
y jugar como niños
con los nuevos colores que regala la vida.

La infancia es una vuelta
al olor del pan recién hecho.
      Aunque no todos los niños tengan su infancia

VII
Endulzar tu piel con palabras
que nadie antes haya abrazado.
Iluminar tu llegada con velas,
la que desgarra el viento,
la centinela en noche blanca,
la que consume una plegaria.

Y engarzar al final de un verso
el beso preciso que firme
un poema roto.

Lo triste es que ya estamos muertos

VIII
¿Acaso no es fascismo tu cuerpo sobre el mío?

Sin diálogo, imponiendo tus jadeos,
tu mirada rasgando mis pupilas
y tu aliento separado un segundo
del pánico que siento.
                    ¿Cómo llamarlo amor?
Mi cuerpo inerte es un señuelo,
tu lengua que babea las palabras,
y este largo invierno, tan crudo,
como una estepa.

El viento hiriente que corta mi piel
igual que tu deseo. Solo viento.

IX
Una copa de *jazz* entre mis manos
me devuelve a lo que tanto he querido.
Los acordes secretos de tu voz.

X
Cuando la verdad vuelva
silénciame despacio
acúname como si fuera niña
entrelaza mis años sin rupturas
resuelve crucigramas y secretos.

No me dejes caer en un vacío
que nada significa
para ser fingidora de algo real
si no es real el dolor de mi empatía
que expía los sonidos y usurpa las palabras.
Un canto sin lucidez ni locura.

¿De qué se alimenta el dolor que lo hace tan fiero?

XI
Quisiera sentir que estoy viva
más allá de pensarlo.
Si no vengo a buscarte, duerme
tranquilo. Estaré rescatando
imposibles que quedaron prendidos
en las retinas del paisaje.

Son los fugaces momentos de gozo.

La fragilidad de mi piel
al abrazar las caricias que
provoca el viento.
La querencia de engañar mis sentidos
al abrigar el cuerpo propio sin otro cuerpo.
Rogar a la alegría
que baile conmigo, aunque estemos solas.
Instantes que se fugan
para que nadie los atrape.

Es solo una ilusión,
un truco, una mentira.
La condena de ser mortales.

XII
El día después de morir mi madre
nos reunió a todos en torno a la mesa.

A los vivos y a los muertos,
a los hijos presentes y a los no nacidos,
a los reales y a los imaginarios,
a quienes formaron parte de su misterio.

Y repartió la herencia.

No tenía tierras ni casas
tampoco riquezas ni posesiones.
Nos entregó su corazón latiendo
sobre nuestras cabezas.
Algunas temblaban por el contacto
estrecho con la muerte. Otras eran
espectrales como mi propia madre.

Yo creí verla,
y tocarla, y olerla,
y sentir sus caricias,
tan cercanas, tan suyas, tan reales.
Después de aquel encuentro
me quedé sola. Y lloré.

Escuché un quejido de huesos quebrados.
Estreché entre mis brazos
la vuelta a la vida que nunca cesa.

XIII

Todos tenemos nuestra casa,
llena de juegos y de primos,
de blancas sábanas al sol,
de siestas en verano,
de noches a la puerta.

Mi casa se cimenta
sobre recuerdos de mujeres
entre brasas y el negro olor de hollín
en los besos del desayuno.
Sus grietas oscuras encierran
los secretos de siluetas difusas
que el futuro agiganta.

Cada noche, mi casa cruje con un lamento,
un quejido uniforme,
a la misma hora, el mismo grito.
Detenida en la esquina de un pueblo encanecido
se nos muere esperando
una capa de cal blanca y meriendas
de niños que no llegan.

Así, sentada junto a la pared,
en su silla de enea, desconchada
y sola, se murió la abuela.

XIV

Si supieras cuál será tu destino
a dónde te llevarán tus ideas
hasta dónde caminarán tus actos
cuáles serán tus penas
si la felicidad saldrá a tu encuentro.

Si supieras la fecha de tu muerte
quién llorará por ti cuando te vayas
si tu perro será fiel a tu ausencia.

Si todo lo supieras
te quedarías huérfana de vida.

AGRADECIMIENTOS

Quien piense que escribir un poemario es una acción solitaria se equivoca. Al menos en mi caso. Para que este libro vea luz he de agradecer a quienes lo han hecho posible con su participación y con su confianza en mí.

Podrá resultar extraño pero mi primer agradecimiento es a la filosofía. Nunca hubiera imaginado que la decisión de estudiar aquella carrera iba a ser mucho más que unos años de estudio, un doctorado y un título. La filosofía se ha convertido en el eje troncal de mi pensamiento. A ella le agradezco su iluminación, su habilidad para despertar mi curiosidad, su permanente inquietud ante todo lo que ocurre y pueda ocurrir, sus herramientas para abrir mi mirada. Y a ella le agradezco haber encontrado por el camino magníficos profesores, buenos compañeros, grandes amigos y continuas reflexiones en común.

Agradezco a Toni Alcolea y su editorial Olé Libros que, una vez más, ha apostado por publicar el libro realizando, como siempre, una edición exquisita. Es un lujo para la poesía valenciana contar con una editorial de confianza. Gracias a Toni y a su equipo.

Gracias a Rafael Soler quien lleva más de un año animándome para que publique. Su confianza y su ánimo han sido fundamentales dándome el empujón necesario.

Mi querida amiga Elena Torres, gran poeta, revisó con cariño el poemario, con su excelente profesionalidad. Además, ha realizado un prólogo que realza los versos, y ha sabido captar de forma magistral todas mis inquietudes, desde las más personales a los temas sociales que tanto me preocupan.

Por supuesto, siempre está Gloria de Frutos que, con su dulzura especial, sabe aconsejarme. Desde que la conocí, hace ya mucho tiempo, se ha convertido en una amiga entrañable de la que no puedo prescindir. El título fue una propuesta suya. Y, cuanto más lo leo, más me sorprende cuánto me conoce.

El poemario tiene cuatro partes. Es, sin duda, el más personal de todos mis trabajos. Empezando por la infancia, mis recuerdos, mis preocupaciones sociales que se reflejan en las dos partes centrales, y un cierre que recoge todo lo que nos da la vida.

La primera parte está dedicada con especial cariño a mis hermanos, Mayte y Alfonso. Ellos son parte de mi vida, esenciales en aquellos recuerdos de nuestros años en común, al igual que mi madre. Mi padre fue un hombre sorprendente. Sus cualidades podrían resumirse en tres: una sencillez innata, una imposibilidad de enfadarse y vivir sin pedir nada a cambio. Muchas veces he pensado cuánto me gustaría parecerme a él. Pero somos muy diferentes y, en cambio, todavía lo siento muy cerca.

Llegar hasta aquí no es una tarea sencilla, no está exenta de riesgos, problemas y errores. Pero mirar atrás solo sirve para acumular tesoros. Y yo he sido y soy una mujer afortunada.

Mi fortuna se la debo principalmente a dos personas: mi hija Laura, que solo cuando sea madre entenderá mi celo por que la vida le sonría, porque sea feliz, porque no pierda el tiempo que luego no se recupera, porque abra todos sus sentidos a respirar hondo este mundo fascinante que nos envuelve, a que sepa convivir con «sus circunstancias». Ojalá pudiera pasarle mi sabiduría, pero si así fuera, se quedaría «huérfana de vida». Vive, cariño mío, pero sé consciente de tus capacidades y tus virtudes.

Y, por supuesto, a ti, Salva, con quien he compartido este largo viaje, y que todavía nos queda mucho mucho mucho por escribir juntos. ¡Gracias!

Ana Noguera Montagud

ÍNDICE